AF305824

Etudes de Mᵉ FONFAYE DE LA PRANDIE, notaire à Frévent,
de Mᵉ BLÉRY, avoué à Saint-Pol, et de Mᵉ ADVIELLE, commissaire-priseur à Arras.

CHATEAU DE CERCAMP, près Frévent

(Pas de Calais)

VENTE AUX ENCHÉRES PUBLIQUES

par suite du décès de M. le baron DE FOURMENT

DE TOUT UN

Très Riche MOBILIER

COMPRENANT

MEUBLES ANCIENS ET DE STYLE

Bronzes d'Art, Bronzes d'Ameublement, Glaces de Venise, Porcelaines et
Faïences anciennes, Terres cuites, Ivoires, Tapis d'Aubusson, Argenterie,
Bijoux, Médailles, Linge de Table, Gravures, Voitures, Vins,

CHEVAUX, VOITURES, etc.

70 TABLEAUX ANCIENS

DES ÉCOLES FRANÇAISE, FLAMANDE, HOLLANDAISE, ITALIENNE, ESPAGNOLE

dont plusieurs signés des meilleurs Maîtres

QUELQUES PEINTURES MODERNES, AQUARELLES, etc.

dont la Vente aura lieu au CHATEAU DE CERCAMP (près Frévent)

LES JEUDI 21 AVRIL ET JOURS SUIVANTS

DE CHAQUE JOUR PRÉCISE A CINQ HEURES

par le ministère de Mᵉ DE LA PRANDIE, notaire à Frévent

assisté de Mᵉ ADVIELLE, commissaire-priseur à Arras.

Pour renseignements, s'adresser au bas de la couverture.

ARRAS
IMPRIMERIE DE L'AVENIR — Ed. BOUVRY ET Cⁱᵉ

1892

EXPOSITION PARTICULIÈRE

Le MARDI 19 AVRIL 1892, de une heure a cinq heures

avec un Permis délivré par M⁰ DE LA PRANDIE.

EXPOSITION PUBLIQUE

Le MERCREDI 20 AVRIL 1892, de une heure à cinq heures

Pour tous renseignements et demandes de Catalogues, s'adresser à :

1⁰ M⁰ DE LA PRANDIE, notaire à Frévent ;
2⁰ M⁰ BLÉRY, avoué à Saint-Pol ;
3⁰ M⁰ ADVIELLE, commissaire-priseur à Arras
4⁰ M⁰ SUEUR, avoué à Arras.

AVIS. — On arrive à Frévent, par Amiens et Doullens, à midi 23 ; retour à 5 h. 50. — Par Abbeville, à midi 28 ; retour à 5 h. 22 et 8 h. 56. — Par les lignes d'Arras à Étaples et de Lille à Frévent par Béthune, à 10 h. 10 et midi 53 ; retour à 5 h. 08 et 6 h. 05.

Le Château de Cercamp est à 1 kilom. de la gare de Frévent
Omnibus à chaque train.

Etudes de Mᵉ FONFAYE DE LA PRANDIE, notaire à Frévent,
de Mᵉ BLÉRY, avoué à Saint-Pol, et de Mᵉ ADVIELLE, commissaire-priseur à Arras.

CHATEAU DE CERCAMP, près Frévent
(Pas-de-Calais).

VENTE AUX ENCHÈRES PUBLIQUES

par suite du décès de M. le baron DE FOURMENT

DE TOUT UN

Très Riche MOBILIER

COMPRENANT

MEUBLES ANCIENS ET DE STYLE

**Bronzes d'Art, Bronzes d'Ameublement, Glaces de Venise, Porcelaines et
Faïences anciennes, Terres cuites, Ivoires, Tapis d'Aubusson, Argenterie,
Bijoux, Médailles, Linge de Table, Gravures, Volumes, Vins,**

CHEVAUX, VOITURES, etc.

70 TABLEAUX ANCIENS

DES ÉCOLES FRANÇAISE, FLAMANDE, HOLLANDAISE, ITALIENNE, ESPAGNOLE

dont plusieurs signés des meilleurs Maitres

QUELQUES PEINTURES MODERNES, AQUARELLES, ETC.

dont la Vente aura lieu au CHATEAU DE CERCAMP (près Frévent)

LES JEUDI 21 AVRIL ET JOURS SUIVANTS

DE UNE HEURE PRÉCISE A CINQ HEURES

par le ministère de Mᵣ DE LA PRANDIE, notaire à Frévent

assisté de Mᵉ ADVIELLE, commissaire-priseur à Arras.

(Pour renseignements et avis voir au dos de la couverture).

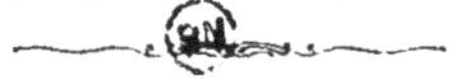

ARRAS
IMPRIMERIE DE L'AVENIR — ED. BOUVRY ET Cⁱᵉ.

1892

CONDITIONS DE LA VENTE

Art. 1er. — La vente se fera au comptant.

Art. 2. — Les acquéreurs payeront en sus du prix d'adjudication douze pour cent applicables aux frais.

Art. 3. — Le notaire chargé de la vente, se réserve la faculté de réunir ou de diviser les lots.

Art. 4. — En cas de contestation sur une enchère, l'objet sera immédiatement remis en vente.

Art. 5. — L'Exposition permettant aux acquéreurs de se rendre compte des Objets vendus, aucune réclamation ne sera admise une fois l'adjudication prononcée.

Art. 6. — L'ordre numérique du Catalogue ne sera pas suivi.

ORDRE DES VACATIONS

Le LUNDI 21 AVRIL. — Pianos, Salle de billard, Cabinet de travail, Salle à manger en chêne, plusieurs Chambres à coucher, Services de table en porcelaine et en cristal, etc.

Le VENDREDI 22 AVRIL. — Argenterie, Bijoux, Médailles, Vins, Liqueurs et Volumes.

Le SAMEDI 23. — Linge de table et de maison. — *Les chevaux, voitures et Objets de sellerie seront vendus à trois heures précises.*

Le LUNDI 25. — Peintures, Aquarelles, Gravures, Porcelaines et Faïences anciennes.

Le MARDI 26. — Meubles anciens et de style, Bronzes d'art, Bronzes d'ameublement, Glaces de Venise, Terres cuites, Ivoires, Tapis d'Aubusson.

Le MERCREDI 27. — Continuation de la vente des Meubles et Objets mobiliers.

Le JEUDI 28 et Jours suivants, s'il y a lieu, Batterie de cuisine, Plantes de serre et d'appartement, continuation de la vente du mobilier.

NOTA. — *M. ADVIELLE, Commissaire-Priseur à Arras, remplira les commissions des personnes qui ne pourraient assister à la vente.*

NOTICE

L'origine de la Collection de Tableaux que nous avons l'honneur de soumettre à l'appréciation des amateurs, remonte à la fin du XVIIe siècle, et la plupart des œuvres qui la composent, ont été la propriété de Pierre-Charles AUBERT DE ROSAINVILLE, Conseiller du Roi (Parlement de Picardie), mayeur de la ville de Roye par provision du 6 avril 1724, trisaïeul de M. le baron de Fourment récemment décédé en son château de Cercamp.

Ceci résulte d'un Catalogue manuscrit, tracé de la main de Jacques-Lugle-Luglien Fourment, Conseiller du roi, Lieutenant particulier au Bailliage de Montdidier, sous la dictée dudit Aubert de Rosainville, son beau père.

Ce manuscrit, déposé en l'étude de M^e Ch. Fonfaye de la Prandie Notaire à Frévent, qui en donnera communication aux amateurs, indique comme étant des originaux de Rubens, Raphaël, Téniers, etc., plusieurs Tableaux de cette collection.

Nous n'avons pas cru devoir nous en rapporter seulement à ces indications, et nous avons demandé une Expertise à MM. Haro Frères de Paris, les experts bien connus du monde artistique.

C'est sur les renseignements fournis par ces Messieurs, que la désignation des Tableaux a été faite.

DÉSIGNATION

TABLEAUX ANCIENS

1 — **Van der Does**. Le Repos de la Sainte-Famille. — Bon
tableau.

> Haut. 0m52. larg. 0m57.

2 — **École Française**. Deux Panneaux décoratifs. La Balan-
çoire, etc.

> Haut. 1m34, larg. 0m66.

3 — **Snyders François**. Chasse au lièvre.

> Haut. 1m45, larg. 1m90.

4 — **Snyders François**. — L'Ennemi.

> Haut. 1m68, larg. 2m45.

5 — **Oudry Jean-Baptiste**. Nature morte. Fleurs. Fruits. —
Bon tableau.

> Haut 1m10, larg. 1m45.

6 — **Ecole Flamande**. Basse cour.

> Haut. 1m. larg. 1m65.

7 — **Ecole italienne**. Un Trompe l'œil.

> Haut. 1m45, larg. 0m93.

8 — **Rubens** (d'après). Argus. — Bon tableau.

> Haut. 1m50, larg. 2m40.

9 **Rigaud** (Ecole de). Portrait de Louis de Fourment. — Cadre en
bois sculpté.

> Haut. 0m72, larg. 0m53.

10 — **Rigaud Hypolite.** Beau Portrait de Messire Jacques Lugle-
Luglien de Fourment.

Haut. 0m92, larg. 0m72.

11 — **Rigaud** (Ecole de). Portrait de Jacques-Louis de Fourment. —
Cadre en bois sculpté.

Haut. 0m72, larg. 0m58.

12 — **Grimou.** Portrait de jeune homme. — Cadre en bois sculpté.
Très bon tableau signé à gauche et daté.

Haut. 0m59, larg. 0m48.

13 — **Grimou.** Bon Portrait de jeune fille. — Cadre en bois sculpté.

Haut. 0m59, larg. 0m48.

14 — **Mignard** (Ecole de). Beau Portrait de dame de qualité.

Haut. 1m04, larg. 0m77.

15 — **Ecole hollandaise.** Intérieur de poulailler.

Haut. 1m, larg. 1m75.

16 — **Snyders François** (Attribué à). La Proie disputée.

Haut. 1m20, larg. 1m80.

17 — **Rigaud Hippolyte.** Bon Portrait de dame de qualité.— Cadre
en bois sculpté.

Haut. 0m82, larg. 0m72.

18 — **École flamande.** Basse cour.

Haut. 1m15, larg. 1m70.

19 — **Ecole française.** Pastorale. — Panneau décoratif.

Haut. 1m45, larg. 0m65.

20 — **Snyders François.** Défendant sa proie.

Haut. 1m18, larg. 1m80.

21 — École hollandaise. Le Marché. — Bon tableau.

Haut. 1m10, larg. 2m05.

22 — École italienne. Un Dessin.

23 — Van Dyck (D'après). La Vierge à l'enfant; B. — Cadre en bois sculpté.

Haut. 0m62, larg. 0m44.

24 — École française. — Portrait d'homme, de forme ovale. — Cadre en bois sculpté.

Haut. 0m73, larg. 0m60.

25 — École française. Portrait de dame de qualité, de forme ovale. — Cadre en bois sculpté (signé derrière Dourlan pinxit 1707).

Haut. 0m73, larg. 0m60.

26 — École française. Réunion dans un salon (portraits de famille).

Haut. 0m87, larg. 1m14.

27 — Utrecht (Adrien Van). Nature morte.

Sur une table de cuisine sont posés pêle-mêle des volailles, des légumes, du fromage, un chaudron de cuivre, etc. — Bon tableau, cadre en bois sculpté.

Haut. 0m85, larg. 1m14.

28 — École française. Portrait d'homme. — Pastel.

29 — Snyders François. Retour de Chasse.

Au pied d'un arbre contre lequel est appuyé un chasseur qui parle à son piqueur, sont posées différentes pièces de gibier, parmi lesquelles un cerf, un sanglier, lièvres, lapins, etc. — Très bon tableau.

Haut. 1m90, larg. 2m60.

30 — École italienne. Joueurs de cartes.

Haut. 0m84, larg. 0m65.

31 — **Utrecht Van** (Attribué à). Nature morte : Fruits, Gibiers. — Bon tableau.

> Haut. 0m85, larg. 1m15.

32 — **École Italienne**. Nature morte : Dessus de porte.

33 — **École française**. Portrait de Louis-François Luglien de Fourment.

> Haut. 0m80, larg. 0m62.

34 — **École française**. Portrait de dame en Cérès, de forme ovale — Cadre en bois sculpté.

> Haut. 0m54, larg. 0m40.

35 — **Boucher** (D'après). Jeune femme. — Cadre en bois sculpté.

> Haut. 0m44, larg. 0m36.

36 — **Cranach** (Lucas). La Décolation de Saint-Jean-Baptiste, B ; cadre en bois sculpté. — Très bon tableau signé du Dragon ailé.

> Haut. 0m21, larg. 0m15.

37 — **École française** Portrait de dame de qualité, de forme ovale — Cadre en bois sculpté.

> Haut. 0m72, larg. 0m57.

38 — **École française**. Nature morte : Pêches dans un saladier. B ; cadre en bois sculpté. — Bon tableau.

> Haut. 0m31, larg. 0m42.

39 — **Oudry** (Jean-Baptiste). Nature morte.

> Dans une niche de pierres est pendu un faisan. Auprès, un saladier rempli de fruits : pêches, prunes, abricots, etc.. — Très bon tableau. A gauche ; peint par J.-B. Oudry, 1722.
>
> Haut. 0m90, larg. 0m72.

40 — **École française**. Vénus et Bacchus — Panneau décoratif.

> Haut. 1m50, larg. 0m64.

41 — **Rubens** (D'après). La Bénédiction de Jacob. — Bon tableau.

Haut. 1^m18, larg. 1^m68.

42 — **École française.** Intérieur de Corps de garde.

Haut. 0^m72, larg. 0^m58.

43 — **Grimou.** Un Pâtre. — Cadre en bois sculpté; très bon tableau.

Haut. 0^m54, larg. 0^m44.

44 — **École française.** Portrait d'homme, de forme ovale. — Cadre en bois sculpté.

Haut. 0^m72, larg. 0^m59.

45 — **Mignard** (Ecole de). Bon Portrait de dame de qualité. — Cadre en bois sculpté.

Haut. 0^m82, larg. 0^m65.

46 — **Rigaud** (D'après). Bon Portrait d'homme, famille royale. — Cadre en bois sculpté.

Haut. 1^m15, larg. 0^m88.

47 — **Franck.** Le Couronnement de la Vierge, sur cuivre, cadre en bois sculpté. — Bon tableau.

Haut. 0^m18, larg. 0,15.

48 — **École française.** Bon Portrait d'un magistrat. — Cadre en bois sculpté.

Haut. 0^m81, larg. 0^m64.

49 — **École flamande.** L'Avare. — B: cadre en bois sculpté; bon tableau signé d'initiales, à gauche.

Haut. 0^m28, larg. 0^m23.

50 — **Largillière.** Bon Portrait de femme. — Cadre en bois sculpté.

Haut. 0^m74, larg 0^m60.

51 — **Brill Paul** et **Breughel.** Bord de rivière.— Bon paysage avec figures ; cadre en bois sculpté.

Haut. 0ᵐ31, larg. 0ᵐ45.

52 — **Keirincx.** Paysage avec figures. — Cadre en bois sculpté ; bon tableau signé en toutes lettres en bas et à gauche.

Haut. 0ᵐ33, larg. 0ᵐ47.

53 — **Ecole Flamande.** Raisins et Grenade.

Haut. 0ᵐ36, larg. 0ᵐ48.

54 — **Ecole Française.** Nature morte : Fruits.

Haut. 0ᵐ44, larg. 0ᵐ60.

55 — **Rottenhamer.** Adoration du Berger. — Sur cuivre, cadre en bois sculpté ; très beau tableau.

Haut. 0ᵐ30, larg. 0ᵐ24.

56 — **Ecole Française.** Chien.

Haut. 0ᵐ39, larg. 0ᵐ30.

57 — **Ecole Française.** Apollon poursuivant Daphné. — B ; cadre en bois sculpté ; bon tableau.

Haut. 0ᵐ22, larg. 0ᵐ19.

58 — **Ecole Italienne.** La Vierge, l'enfant Jésus et Saint-Jean-Baptiste. — B ; bon tableau.

Haut. 0ᵐ21, larg. 0ᵐ15.

59 — **Miel (Jean).** L'Arracheur de dents. — Cadre en bois sculpté ; très bon tableau.

Haut. 0ᵐ13, larg. 0ᵐ15.

60 — **Téniers** (d'après). Buveurs Flamands. — B ; cadre en bois sculpté ; très bon tableau d'une grande finesse d'exécution.

Haut. 0ᵐ22, larg. 0ᵐ24.

61 — **Oudry** (attribué à). Un Faisan. — Bon tableau.

> Haut. 0m83, larg. 0m64.

62 — **Wouwermann (Pierre)**. Paysage avec figures et animaux. — B ; bon tableau.

> Haut. 0m28, larg. 0m38.

63 — **Ecole Flamande**. La musique.

> Haut. 0m35, larg. 0m29.

64 — **Ecole italienne**. Vierge et Enfant. — Cadre en bois sculpté.

> Haut. 0m40, larg. 0m31

65 — **Raphaël** (Ecole de). La Vierge à l'œillet.

> La Vierge est assise, tournée vers la droite, tenant sur ses genoux l'enfant Jésus qui joue avec un œillet. Dans le fond on aperçoit le paysage. Cadre en bois sculpté. — Très bon tableau d'une grande finesse d'exécution.
>
> Derrière, nous avons trouvé la notice suivante en ancienne écriture : *M. de Largillière m'a assuré que ce portrait était de Raphaël.*
>
> Haut. 0m30, larg. 0m24.

66 — **Tol** (Van). Pêcheur à ligne.

> Un Pêcheur est assis au bord d'une rivière auprès d'un saule et pêche à la ligne. — Cadre en bois sculpté. Bon tableau d'une très fine exécution.
>
> Haut. 0m33, larg. 0m24.

TABLEAUX MODERNES

67 — **Bourbon (Felipe de)**. La sortie d'un cardinal. — Aquarelle. (Signé à gauche).

68 — **Parquet (Gustave)**. Chevaux au pâturage. (Signé à gauche).

> Haut. 0m51, larg. 0m90.

69 — **Parquet (Gustave)**. Niniche au concours hippique. — Aquarelle. (Signé à gauche).

70 — **Parquet (Gustave)**. Turbigo, Cheval pur sang. (Signé à gauche).

Haut. 0m75, larg. 0m98.

71 — **More (Paul Le)**. Roméo, Cheval pur sang. (Signé à gauche).

Haut. 0m70, larg. 0m90.

72 — **More (Paul Le)**. Carignan. Cheval pur sang. (Signé à gauche).

Haut. 0m70, larg. 0m90.

73 — **Audy (J.)**. Une Course. — Aquarelle.

GRAVURES

74 — **Herring Sen**r (**J.-F.**). Fox-Hunting, Plate. — 1. The Meet ; 2. The Find ; 3. The Run ; 4. The Rill.

Série de quatre belles épreuves en couleurs, toutes marges, gravées par J. Harris). — Cadres en bois naturel.

Haut. 0m72, larg. 1m25.

75 — Sous ce numéro, les Tableaux, Dessins et Gravures non catalogués.

Meubles anciens et Meubles de style.

76 — Six Chaises noyer, époque Louis XVI, à dossiers forme lyre, pieds cannelés, recouvertes en cuir.

77 — Six autres pareilles.

78 — Horloge à gaîne d'ébène et incrustations cuivre, richement ornée de nombreux Bronzes ciselés et dorés, et surmontée d'une Statuette représentant le *Temps*. Cadran en cuivre indiquant les Phases de la lune, les mois, etc. ; joli Travail de l'époque Louis XIV.

79 — Meuble à hauteur d'appui de style Louis XVI, Bois de rose et marqueterie de bois, garni de bronzes dorés et à Tablette de marbre blanc.

80 — Autre Meuble de même style et travail.

81 — Table à jeu demi-lune. acajou et baguettes cuivre, pieds cannelés, époque Louis XVI.

82 — Grande et très belle Console de l'époque Louis XV, en bois sculpté et doré, Piétement à croisillon ; la Ceinture richement ornée de Rinceaux et à dessus de beau Marbre rouge veiné.

83 — Petite Console de l'époque Louis XV, en bois sculpté et doré, à ornements à Jour et Coquille et à dessus de Marbre rouge veiné.

84 — Table à ouvrage de style Louis XVI, en marqueterie de bois, et à quatre pieds reliés par un Croisillon.

85 — Beau Cabinet de l'époque Louis XIII, en ébène, écaille et cuivre estampé, s'ouvrant à deux portes et vingt-quatre tiroirs ; l'intérieur garni de Glaces et de huit Colonnettes dorées. Il repose sur une Table à ceinture d'écaille et à quatre pieds tors reliés par un croisillon.

86 — Ecran en bois sculpté peint noir rehaussé d'or, garni de tapisserie, style Louis XVI.

87 — Deux Tabourets de style Louis XV, en bois sculpté et doré.

88 — Chaise en bois sculpté et doré recouverte en tapisserie, style Louis XVI.

89 — Belle Table de salon de style Louis XV, en marqueterie genre Boule.

90 — Fauteuil de l'époque Louis XVI, peint en blanc, dossier à médaillon, recouvert en tapisserie.

91 — Deux Fauteuils de l'époque Louis XVI, peints en blanc et recouverts en soie ; les bras et dossiers à ornements sculptés.

92 — Deux Fauteuils de l'époque Louis XVI, peints en blanc, dossiers à médaillon, recouverts en soie.

93 — Six grands et beaux Fauteuils Louis XIV, en bois sculpté peint et rehauts d'or, recouverts en tapisserie au point.

94 — Quatre autres pareils.

95 — Fauteuil de l'époque Louis XV, en bois sculpté peint en blanc, recouvert en étoffe soie et laine.

96 — Fauteuil Louis XV, en bois sculpté peint noir rehaussé d'or, recouvert en tapisserie.

97 — Fauteuil bas, de style Louis XV, en bois sculpté peint noir, recouvert en soie.

98 — Autre Fauteuil, même style.

99 — Belle Console de l'époque Louis XV, en bois sculpté et doré ; les pieds enguirlandés reliés par une coquille, à dessus de marbre rouge veiné.

100 — Autre Console pareille.

101 — Console demi-lune en bois d'acajou et à quatre pieds cannelés, reliés par une tablette d'entrejambes, à trois tiroirs et à dessus de marbre blanc et galerie de cuivre ; époque Louis XVI.

102 — Jardinière à quatre pieds, marqueterie genre Boule, garnie de bronzes dorés ; style Louis XV.

103 — Très belle Console de l'époque Louis XV, en bois sculpté et doré et à dessus de beau marbre ; la ceinture et les pieds richement ornés.

104 — Meuble à hauteur d'appui en marqueterie d'écaille et cuivre, garni de bronzes dorés ; style Louis XVI.

105 — Petite Table à jeu du style Louis XV, en marqueterie de bois rose, garnie de bronzes dorés.

106 — Table-Bureau en palissandre et bois de rose, garnitures bronze doré ; style Louis XV.

107 — Deux grands et beaux Fauteuils de style Louis XIII, en chêne sculpté, recouverts en tapisserie.

108 — Quatre Fauteuils de l'époque Louis XVI, peints en blanc, dossiers à médaillon, recouverts en soie.

109 — Deux Fauteuils Louis XVI, dossiers carrés, recouverts en soie.

110 — Très belle Chambre à coucher de style Louis XV, en bois de rose et palissandre, garnie de bronzes dorés et de plaques en porcelaine bleue turquoise, genre Sèvres (Lit, Table de nuit, Armoire à glace, Secrétaire).

111 — Chiffonnier palissandre et marqueterie de bois, garni de bronzes dorés et à dessus de marbre rouge ; style Louis XV.

112 — Deux Bergères de l'époque Louis XV, bois sculpté peint en jaune, recouvertes en velours rouge frappé. ;

113 — Cinq Fauteuils, même époque et dénomination que le numéro précédent.

114 — Tabouret de l'époque Louis XVI, bois sculpté **peint en jaune,** recouvert en velours rouge frappé.

115 — Commode Louis XVI en bois d'acajou, trois tiroirs, pieds cannelés garnis de cuivres, et à dessus de marbre et galerie de cuivre

116 — Grand Fauteuil de style Louis XV, en bois sculpté et doré, recouvert en tapisserie.

117 — Très belle Table console de l'époque Louis XIV, en bois sculpté et doré, à dessus de beau marbre rouge veiné de 0,06 d'épaisseur ; les pieds en forme de gaines et sculptés.

118 — Petite Table ronde en bois d'acajou, à quatre pieds et tiroirs, et à tablette de marbre blanc et galerie de cuivre ; époque Louis XVI.

Diamètre 0^{m}60

119 — Grand et magnifique Buffet crédence, en noyer ciré, sculpté en plein bois ; la partie inférieure fermant à trois portes séparées par des cariatides ; la partie supérieure à trois portes pleines séparées par des colonnettes. La ceinture à trois tiroirs, ainsi que l'entablement, sont d'une belle ornementation ; le fronton formé d'un masque d'homme et à galerie. — Très beau Travail de style Henri II.

120 — Beau Dressoir d'accompagnement en noyer, ciré, sculpté, à crédence, étagère et tiroirs ; le fronton formé d'un masque d'homme, les pieds reliés par une tablette d'entrejambes et ornés de cariatides, style Henri II.

121 — Grande et belle Table d'accompagnement, de style Henri II, en noyer ciré, à six rallonges et à quatre pieds à croisillon.

122 — Grand et très beau Buffet crédence, de style Henri II, en noyer ciré, finement sculpté en plein bois ; fermant à six portes pleines, à trois tiroirs et à galeries.

123 — Console acajou de l'époque Louis XVI, à quatre pieds cannelés, à tablette de marbre blanc et galerie de cuivre.

124 — Chiffonnier acajou, sept tiroirs, garni de cuivres et à tablette de marbre blanc ; époque Louis XVI.

125 — Chiffonnier Louis XVI, en bois d'acajou, dix tiroirs, pieds cannelés et à dessus de marbre.

126 — Autre Chiffonnier pareil.

127 — Secrétaire acajou, époque Louis XVI, à coins ronds, cannelés et à dessus de marbre.

128 — Petit Secrétaire acajou, forme écran ; époque Premier Empire.

128 *bis* — Commode Louis XVI, en bois d'acajou, à trois tiroirs, pieds cannelés et à dessus de marbre.

129 — Deux grands Fauteuils de l'époque Louis XIV, en bois sculpté, garnis de velours bleu.

130 — Prie-Dieu en chêne sculpté fermant à deux portes ; travail Flamand de l'époque Louis XIII.

131 — Table de style Louis XV, en bois de rose et palissandre et à deux tiroirs.

132 — Armoire à glace en bois d'acajou, à ornements en cuivre ciselé et doré ; époque Premier Empire.

133 — Toilette de l'époque Louis XVI, à quatre pieds et tiroirs ; le dessus s'ouvrant à trois compartiments dont l'un garni de glace.

134 — Deux grands Fauteuils de l'époque Louis XV, en bois sculpté peint en blanc, recouverts en cretonne.

135 — Autre Fauteuil ; même époque et dénomination que le numéro précédent.

136 — Très beau Lit cintré de l'époque Louis XVI, peint en blanc ; à ornements sculptés, rosaces et bouquets de fleurs sur la face et les côtés, garni à capitons et cretonne.

137 — Commode-Bureau acajou, quatre tiroirs ; époque Louis XVI.

138 — Commode Louis XVI, en bois d'acajou et à dessus de marbre.

139 — Console en acajou, à griffes de lion et à fond de glace ; ornements
en bronze doré ; époque Premier Empire.

140 — Petite Console en bois d'acajou, époque Premier Empire, à
quatre pieds et ornements en bronze doré ; la partie supérieure
formant secrétaire est garnie de glaces à l'intérieur et à
l'extérieur.

141 — Fauteuil de l'époque Louis XVI, dossier à médaillon, recouvert
en tapisserie.

142 — Petit Bureau de dame de l'époque Louis XVI, en bois d'acajou ;
la partie inférieure à deux portes pleines, la partie supérieure
fermant à deux portes vitrées ; à dessus de marbre blanc et
galerie de cuivre.

143 — Table de nuit ronde de style Louis XVI, en bois de rose et palissandre, garnie de bronzes dorés et à tablette de marbre rouge
et galerie de cuivre.

144 — Deux Chaises à dossiers carrés, recouvertes en tapisserie : époque
Louis XVI.

145 — Bel Ameublement de salon de style Louis XV, en bois sculpté et
doré, recouvert en damas de soie. — Tentures assorties.

146 — Autre bel Ameublement de style Louis XIV, en noyer ciré
sculpté (un Canapé, deux Fauteuils, quatre Chaises).

147 — Sous ce numéro les Meubles omis.

Bronzes d'art et Bronzes d'ameublement.

148 — Deux grands et beaux Vases japonnais, à ornements d'animaux
en relief.

Haut. 0m92

149 — Groupe (signé), *Jument et Poulain*, socle en velours.

150 — Buste de Houdon, socle en marbre.

Haut. 0m60.

151 — Jardinière ronde. Le pourtour orné de chevaux en relief.

152 — Groupe de Coysevox, sur socle en marbre, *Mercure sur Pégase*.

Haut. 0m40.

153 — Autre groupe, *La Renommée sur Pégase*.

154 — Deux grandes et magnifiques Torchères, à figures d'homme et de femme.

Haut. 1m85.

155 — Brûle parfums, bronze japonais.

156 — Paire Flambeaux, patine verte.

157 — Beau Groupe de Dubucand, *Cavalier arabe en observation*, socle en velours.

Haut. 0m51.

158 — Deux Statuettes, *Amours assis portant une coquille*.

159 — Deux autres Statuettes, sur socles en marbre, *Enfants debout portant une coquille*.

160 — Statuette, *Diane chasseresse*.

Haut. 0m40.

161 — Très belle Statue, *Mercure*.

Haut. 1m60.

162 — Presse-Papiers, bronze et marbre, *Vénus à la coquille*.

163 — Paire Chenets cuivre, style Louis XIV.

164 — Très belle Pendule de l'époque Louis XV, en bronze ciselé et doré. La partie supérieure surmontée d'une corbeille de fleurs, à droite et à gauche du cadran, un enfant tenant à la main une gerbe de fleurs, mouvement de Marquis.

Haut. 0m78, larg. 0m70.

165 — Deux Candélabres d'accompagnement, dix lumières, à figures
d'enfant debout.

Haut. 0m88.

166 — Paire d'Appliques de l'époque Louis XVI, en bronze doré et à
trois lumières formées de trompes de chasse.

Haut.0m62.

167 — Autre paire pareille.

168 — Très beau lustre en bronze ciselé et doré, formé de trente-six
lumières, portées par douze biches galopant.

169 — Paire d'Appliques, bronze doré, sept lumières.

170 — Belle paire de Chenets cuivre, à galerie, époque Louis XVI.

171 — Paire d'Appliques de l'époque Louis XV, en bronze doré, et à
deux lumières.

172 — Autre Paire pareille.

173 — Deux jolis Flambeaux-Girandoles de l'époque Louis XVI, en
bronze ciselé et doré, à trois lumières.

174 — Beau Lustre, en bronze ciselé et doré, vingt-quatre lumières.

175 — Deux Flambeaux, bronze ciselé et doré.

176 — Paire Chenets, cuivre de style Louis XIV, à ornements de fleurs
de lis et flammes.

177 — Lustre en bronze doré et Cristaux Baccarat, douze lumières.

178 — Deux jolis Candélabres, en bronze doré et patine verte, époque
Louis XVI.

179 — Pendule, bronze ciselé et doré, surmontée d'un buste de femme
(Signé : Marin).

180 — Belle paire de Chenets en bronze doré.

Haut. 0^{m}52.

181 — Grande et riche Suspension de salle à manger, en bronze poli, à trois lampes et quinze lumières.

182 — Autre Suspension de salle à manger en bronze nikelé et doré, quinze lumières.

183 — Paire Flambeaux de l'époque Louis XVI, à crémaillère et à deux lumières.

184 — Paire Chenets, bronze doré, à figures de dragons.

185 — Pendule en bronze doré et patine verte, formée de deux cornes d'abondance finement ciselées, époque premier Empire.

186 — Deux petits Flambeaux de l'époque Louis XVI, en bronze doré et marbres de deux nuances.

187 — Belle Pendule en bronze doré, époque Louis XVI, mouvement de Julien Leroy.

Haut. 0^{m}55, larg. 0^{m}52.

188 — Sous ce numéro, les Objets omis.

OBJETS VARIÉS

189 — Très belle Glace de Venise de l'époque Louis XIV, à encadrement de glaces bisautées et à fronton orné de feuillage en verre de deux nuances.

Haut. 2^{m}40.

190 — Autre Glace de Venise, même époque et travail.

Haut. 2^{m}05.

191 — Glace de style Louis XVI, riche fronton en bois sculpté et doré.

192 — Autre Glace pareille.

193 — Paire Consoles d'applique en bois sculpté et doré, style Louis XV.

194 — Sous ce numéro, trois paires Consoles d'applique de style Louis XV.

195 — Deux belles Statuettes ivoire sur socles en ébène, *Saint-Siméon et Anne la Prophétesse.*

196 — Glace biseautée de style Louis XIV, à fronton et encadrement de glaces.

Haut. 1m90.

197 — Autre Glace pareille.

198 — Deux Terres cuites de Bourgoin. — Bustes de femme.

199 — Petit Coffret de l'époque Louis XIII, garni de peau et ferrures dorées.

200 — Pupitre en bois d'acajou, à crémaillère et pied cannelé garni de cuivre, époque Louis XVI.

201 — Coffret Louis XVI, en marqueterie de bois, damiers.

202 — Miroir de l'époque Louis XV, le cadre en bois sculpté et doré.

203 — Tapis d'Aubusson, 3 mètres 50 sur 7 mètres.

204 — Morceau de soie verte, bordure or.

205 — Sous ce numéro, les Objets omis.

PORCELAINES ET FAIENCES ANCIENNES

206 — Grande et belle Potiche à couvercle, en faïence de Nevers, décor
de chinois bleu et Manganèse.

Haut. 0m58.

207 — Très belle Paire de Potiches à couvercles, en faïence de Nevers,
même décor que le numéro précédent.

Haut. 0m70.

208 — Théière en porcelaine de Sèvres, décor de myosotis.

209 — Boîte à thé en porcelaine de Chine, famille rose.

210 — Deux Vases en terre de Wedgwood, décor de personnages et têtes
d'animaux en blanc sur fond bleu clair.

211 — Beau et grand Vase de Chine, à décor de personnages, et à anses
formées de dragons.

Haut. 1m05.

212 — Deux brûle parfums en faïence de Rouen, décor polychrome.

213 — Jolie Jardinière à quatre pieds, en porcelaine dite à la Reine,
décor de myosotis rehaussé d'or, époque Louis XVI.

214 — Deux Bouteilles en faïence de Nevers, décor bleu au chinois.

215 — Deux belles Potiches à couvercles en porcelaine du Japon, décor
polychrome et or.

Haut. 0m65.

216 — Deux autres belles Potiches octogones en porcelaine du Japon,
décor polychrome et or.

Haut. 0m55.

217 — Jardinière en porcelaine bleue, genre Sèvres, décor de bouquets
de fleurs, montée sur bronze doré.

218 — Deux Vases en porcelaine de Chine, famille verte, décor de
personnages.

Haut. 0m62.

219 — Deux Plats ronds en porcelaine du Japon, à ornements bleu,
rouge et or.

Diamètre 0m47.

220 — Deux autres Plats, même décor et diamètre

221 — Deux Plats ronds en porcelaine du Japon, décor polychrome et or.

Diamètre 0m46.

222 — Deux Plats ronds en porcelaine de Chine, décor de personnages,
sur fond rouge capucine.

Diamètre 0m35

223 — Deux autres Plats pareils.

224 — Deux Plats ronds en porcelaine du Japon, à bords échancrés et
décor polychrome.

Diamètre 0m45.

225 — Deux Plats ronds, de même décor.

Diamètre 0m28.

226 — Deux Plats ronds en porcelaine de Chine, famille verte, décor
d'oiseaux.

Diamètre 0m35.

227 — Beau Plat rond en porcelaine du Japon, décor polychrome et or.

Diamètre 0m52.

228 — Deux Plats longs en porcelaine du Japon, décor bleu.

229 — Deux Plats ronds en porcelaine du Japon, décor polychrome.

Diamètre 0,30.

230 — Compotier en porcelaine du Japon, décor bleu.

231 — Deux Compotiers en porcelaine du Japon, décor polychrome et or.

232 — Plat rond, décor de personnages.

Diamètre 0m46.

233 — Sous ce numéro, quantité d'Assiettes en porcelaine de Chine et du Japon, variées de décors.

Meubles et Objets mobiliers.

234 — Très beau Piano droit de Pleyel n° 61,282.

235 — Bon Piano à queue d'Erard, en bois de palissandre et incrustations de cuivre n° 28,275.

236 — Bon Billard en bois d'acajou et tous ses accessoires.

237 — Grande Banquette de billard en acajou, à siège et dossier garnis.

238 — Très beau Canapé forme S, en noyer ciré, recouvert en Etoffe de soie et peluche.

239 — Table gigogne en noyer, gravée or.

240 — Liseuse en bois noir à tablette gravée.

241 — Quatre Chaises volantes en bois doré, recouvertes en tapisserie.

242 — Très beau Fauteuil à large siège, dossier et côtés garnis de drap bleu clair.

243 — Paravent en bambou et soie.

244 — Ecran en bambou doré et tapisserie.

245 — Plusieurs Garnitures de cheminées en bronze, en marbre et en cuivre poli.

246 — Jeu de Toupie hollandaise.

247 — Table pliante en palissandre, érable et bambou.

248 — Sous ce numéro, quantité de Meubles pour vérandah : fauteuils pliants, berceuse, tables, aquarium, jardinières, cache-pots, etc.

249 — Deux Supports bois noir, de style japonais.

250 — Billard anglais et accessoires.

251 — Les Tentures, Tapis, Carpettes et Tapis de table.

252 — Six Chaises bois laqué recouvertes en tapisserie.

253 — Plusieurs Groupes et Statuettes en imitation bronze.

254 — Quantité de Glaces de toutes dimensions.

255 — Très beau Service en porcelaine à filets et ornements dorés pour 18 personnes.

256 — Autre Service en porcelaine peinte et dorée pour 6 personnes.

257 — Service en faïence de Longwy pour 18 personnes.

258 — Plusieurs beaux Services en cristal.

259 — Ameublement de salle à manger en chêne sculpté.

260 — Ameublement de bureau en chêne sculpté.

261 — Sous ce numéro, Seize Chambres à coucher entièrement garnies de Meubles en acajou, bois noir, etc.

262 — Tableau-Pendule à sonnerie et à musique.

263 — Quantité de Matelas, Traversins, Oreillers, Edredons, Couvertures.

264 — Baignoire, Chauffe-Bains, Appareils de chauffage et d'éclairage.

265 — Plusieurs Porte-Manteaux, Porte Parapluies, Coucou, Horloge, etc.

266 — Très belle Batterie de cuisine en cuivre rouge, Cuisinière et Ustensiles de cuisine.

267 — Quantité de très beau Linge de table et de maison.

268 — Sous ce numéro, tous les Meubles non catalogués.

VOLUMES

269 — Environ 1,200 Volumes reliés — Châteaubriand, Voltaire, C. Delavigne, Michelet, Saint-Simon, de Staël, Lacretelle, Rabelais, Thiers, Balzac, Marmontel, J.-J. Rousseau, Chenier, Scribe, d'Alembert, Toullier, Mourlon, etc ; Biographie par Didot, Géographie de Malte Brun, Encyclopédie du XIXᵉ siècle, Partitions, etc., etc.

VINS & LIQUEURS

270 — 3,000 Bouteilles de Vin de différents crûs, Cognac, Fine Champagne, etc.

ARGENTERIE (Neuf kilos).

271 — Deux Cafetières dont une petite de l'époque Louis XVI, Huilier, Légumier, 24 Couverts, 12 Couverts à dessert, Service à salade, Truelle, Cuillère à sauce, Cuillère à sucre, 18 Cuillères à café, Pince à sucre, Service à hors-d'œuvre, Porte-Cure-Dents, etc.

272 — Douze Couteaux à dessert, manches et lames d'argent.

273 — Douze Couteaux à dessert, manches argent et lames acier.

274 — Vingt quatre Couteaux de table, manches ivoire.

275 — Douze autres pareils.

276 — Trois Plats ronds et un Plat long en plaqué.

277 — Sous ce numéro, toutes les pièces en ruolz et en métal blanc.

BIJOUX & MÉDAILLES

278 — Montre et chaîne en or.

279 — Belle Parure or et opales.

280 — Dix-sept Médailles en or.

281 — Huit Médailles en vermeil.

282 — Trente cinq Médailles en argent.

283 — Vingt-trois Médailles en bronze.

CHEVAUX, VOITURES

284 — Deux Chevaux de luxe.

285 — Un Cheval de trait.

286 — Un Landau.

287 — Un Coupé.

288 — Un Panier.

289 — Un Break.

290 — Une Tapissière.

291 — Sous ce numéro, les Objets de Sellerie.

A la suite de la vacation du Lundi 25 Avril 1892, il sera mis en vente, par le ministère de M⁰ Ch. FONFAYE DE LA PRANDIE, notaire à Frévent, assisté de M. ADVIELLE, commissaire-priseur à Arras, **DEUX TABLEAUX** provenant de la même collection de ROSAINVILLE, et appartenant : l'un à Mme la Marquise DE HAMEL-BELLENGLISE, et l'autre à M. LUGLIEN-LEROY.

Ces Tableaux portent les numéros 65 et 66 du Catalogue.

Pour les renseignements de la Collection de Rosainville, voir la notice au commencement du catalogue de la vente mobilière de Fourment.

17227 Arras, Imprimerie de l'AVENIR, Ed. BOUVRY et Cie.

www.ingramcontent.com/pod-product-compliance
Ingram Content Group UK Ltd.
Pitfield, Milton Keynes, MK11 3LW, UK
UKHW031731170726
13836UKWH00002B/567